22 Aoust 1626

TRAICTÉ FAICT

ENTRE LE ROY ET RENÉ

Mesmin, Sieur de Silly, subrogé au lieu de
Maistre Guillaume Abraham ; pour le
rachapt & admortissement des Peages qui
se leuent sur la Riuiere de Loire , Et ~~des~~
Arrests & Verifications , en execution
d'iceluy Traicté.

Et le Reglement des Droits de la
Nouuelle Imposition de ladite Riuiere.
Des 22. Aoust 1626. 3. Decembre 1629. 4. Auril, 17.
May. 3. p 12. Juillet, 21. p 23.
Septembre 1630. 12. p 24. Mars 1631.

Du 24
Mars 1631

A PARIS,

Chez PIERRE DES-HAYES, rüe de la Harpe,
à l'Escu de France.

M. DC. XXXI.

TRAICTÉ D'ABRAHAM

DV VINGT-DEVXIESME AOVST
fix cens vingt-fix : Et en fuitte l'Arreft
de fubrogation du fieur de Silly du 6.
Decembre 1629.

Articles & conditions accordees par le Roy en fon Confeil à
Maiftre Guillaume Abraham pour le reftabliffement du
Commerce de la Riuiere de Loire, & autres fleuues def-
cendans en icelle, pour le rachapt & admortiffement des
Peages qui fe leuent fur ladite Riuiere de Loire apparte-
nans à plufieurs particiculiers, aux conditions cy - apres de-
clarees.

EDIT ABRAHAM & fes affociez, feront tenus &
obligez de rachepter & amortir tous les Peages de la
riuiere de Loire legitimement deus, qui fe leuent depuis Nantes iufques à Orleans inclufiuement , excepté toutesfois ce qui fe leue és villes d'Angers, Pont de Cé,
Saumur, Langeays, Tours, Amboife, Boigenfi & Orleans, par
forme de deniers patrimoniaux & d'oftroy concedez, aufdites
villes pour l'entretenement & neceffitez d'icelles : lequel admortiffement fe fera au denier vingt fur le prix des derniers
baux à ferme faits par les proprietaires defdits Peages auparauant le traité de Ory du 24. Mars 1621.

Et pour faire ledit admortiffement, ledit Abraham fera tenu fournir la fomme de fix cens mil liures qu'il employera au
rachapt defdits Peages, fuiuant les ordonnances dudit Confeil,
ou des Commiffaires qui feront à cefte fin deputez par fadite
Majefté : Et en cas que ladite fomme de fix cens mil liures foit
plus que fuffifante pour ledit rachapt, le furplus fera employé

A ij

au rachapt des autres Peages qui sont au dessus d'Orleans, ou qui se leuent sur les autres fleuues descendans dedans ladite Riuiere de Loire. Et si ladite somme de six cens mil liures n'estoit suffisante pour le rachapt desdits Peages, sera tenu ledit Abraham de parfournir ce qui defaudra, & ce qui sera necessaire pour faire le rachapt de tous lesdits Peages depuis Nantes iusques à Orleans, à la susdite raison du denier vingt.

Ledit Abraham sera tenu de rachepter lesdits Peages, à sçauoir, la moitié dedans le dernier iour d'Auril prochain 1627. & le surplus dedans le dernier iout d'Octobre ensuiuant, & fournir tous les rachapts & acquits dans la fin de ladite annee 1627. en la Chambre des Comptes de Paris, à la descharge de sadite Majesté.

Ne pourra ledit Abraham deposseder les proprietaires desdits Peages ou leurs Fermiers qu'ils n'ayent esté actuellement remboursez du prix de leursdits Peages à ladite raison du du denier vingt: Et en cas de refus ou opposition, pourra ledit Abraham cosigner le prix principal desdits Peages au Greffe de la Iustice Royale plus prochaine des lieux, lesdits proprietaires ou leurs Fermiers deuëment appellez. Et pour cét effect seront tenus lesdits Fermiers represëter leurs baux, à quoi faire ils serót contraincts, ensemble les Notaires ou Greffiers qui les ont receus, par toutes voyes deuës & raisonnables, mesmes par emprisonnement de leurs personnes. Et seront toutes les oppositions qui pourroient interuenir pour raison de ce, iugees au Conseil.

Pour satisfaire ausdits rachapts, sadite Majesté accorde audit Abraham durant huict annees entieres & consecutiues, qui commenceront le premier iour d'Octobre de la presente annee 1626. & finiront le dernier iour de Septembre que l'on comptera 1634. l'entiere & paisible iouyssance de ses droicts de Traittes & Impositions Foraines d'Anjou, Duché de Beaumont, & de Thoüars, reapretiation d'icelles & du Trespas de Loire, suiuant les anciennes Pancartes, & tout ainsi qu'en ont bien & deuëment iouy les anciens Fermiers, & ceux qui tiennent à present lesdites fermes aux clauses & conditions portees par le dernier bail fait à Maistre Iean Girard, suiuant les restrinctions & modifications portees par les Arrests du Conseil, & conformé-

ment au reglement, augmentation & diminution de la nouuelle
impofition accordee par ledit contract dudit Ory du 24. Mars
1621. inferé en fin des prefens articles, en defdommageant toutesfois par ledit Abraham les Fermiers defdites Traittes & impofitions dont ils conuiendront à l'amiable, & en cas qu'ils n'en
puiffent conuenir, fera ledit defdommagement iugé & arbitré
par ledit Confeil.

De laquelle Ferme ledit Abraham ne payera pendant chacune des deux premieres annees, que la fomme de cent mil liures par an, pour les quatre annees fuiuantes cent cinquante
mil liures par chacun an, pour la feptiefme annee trois cens cinquante mil liures, & quatre cens mil liures pour la huictiefme
& derniere annee, & ce par demies annees & fix fepmaines
apres chacune d'icelles efcheuës.

Et outre accorde fadite Majefté audit Abraham, durant lefdites huict annees à commencer du premier d'Octobre prochain
la ferme de fes droits de la Preuofté de Nantes pour le pris de
cinquante-cinq mil liures par chacun an, à la charge de defdom-
mager le Fermier qui tient à prefent ladite Ferme.

Accorde auffi fadite Majefté audit Abraham, pour ledit
temps de huict ans, la Ferme des droicts d'entree de France &
traitte Domanialle des pruneaux, pour le prix de quinze cens
liures par chacun an : outre lequel prix ledit Abraham fera tenu de payer à l'acquit de fadite Maiefté, & mettre és mains du
Receueur des Traittes Domaniales & droicts d'entree au Bureau d'Ingrande, la fomme de deux mil cent neuf liures pour
les gages des Officiers, droicts & charges ordinaires dudit Bureau par chacun an, dont fadite Majefté demeurera defchargee
pendant lefdites huict annees.

Iouyra pareillement ledit Abraham pendant ledit temps
de la Ferme de la Traitte Domanialle, fur les Papiers, Cartes, &
Tarots pour le prix de dix-fept cens liures par chacun an, remet-
tant fadite Majefté pendant ledit têps, ce à quoy les fufdites Fermes font à prefent affermees de plus, en confideration du rachapt & admortiffement defdits Peages, en defdommageant
toutesfois par ledit Abraham ceux aufquels lefdites Fermes
font adiugees comme deffus, & à la charge de payer le prix d'i-
celles pendant ledit temps, ainfi que font tenus ceux qui en

iouyſſent à preſent, & à la raiſon ſuſdite.

Sera tenu ledit Abraham faire tous les frais deſdits rachapts & admortiſſemens deſdits Peages, & des eſtabliſſemens, reglemens & verifications du preſent contraƈt.

Promet ſadite Majeſté que durant le temps de huiƈt annees elle ne permettra pour quelque cauſe & occaſion que ce ſoit, qu'il ſoit eſtably aucuns Peages, ny leué aucuns droits nouueaux ſur ladite Riuiere ny fleuues y deſcendans, ſoit au profit de ſadite Majeſté ou d'autres, & qu'elle ne baillera ne concedera aucunes Lettres, Ediƈts, Declarations, ny mandemens pour cét effeƈt.

Et afin que les Marchands ne ſoyent trauaillez pour le payement des deuoirs qu'ils payent aux Villes & Communautez eſtans ſur ladite Riuiere de Loire, ayans à faire à pluſieurs perſonnes & en differens endroits. Ordonne ſadite Majeſté que leſdits deuoirs deubs auſdites Villes & Communautez qui ſont ſur ladite Riuiere de Loire, ſeront payez pas leſdits Marchands & Voiƈturiers dans les Bureaux eſtablis pour la perception des droits de ſadite Majeſté & non ailleurs, & ce aux Commis qui y ſeront eſtablis par leſdites Villes & Communautez, leſquels ſeront tenus de reſider eſdits Bureaux, ſans que les Marchands & Voiƈturiers ſoient tenus & obligez de les chercher ailleurs.

Ne pourra ledit Abraham eſtre depoſſedé du preſent contraƈt & bail pour quelque cauſe & occaſion que ce ſoit.

Sera permis audit Abraham d'aſſocier auec luy eſdites Fermes telles perſonnes ou de telle qualité & condition que bon luy ſemblera, ſoient Nobles ou Officiers, pourueu qu'ils ne ſoient Iuges deſdites Traittes & impoſitions Foraines, ſans qu'ils en puiſſent eſtre inquietez, ny ladite aſſociation deſroger ou preiudicier à leurs qualitez & priuileges.

Aduenant guerre Ciuille ou Eſtrangere, ou defenſes du trafic empeſchant la libre jouyſſance deſdites Fermes, ſera pourueu audit Abraham & à ſes aſſociez ſur ſon deſdommagement deſdites Fermes ainſi que de raiſon, & à proportion du temps qui luy reſtera à jouyr deſdites huiƈt annees, & de l'empeſchement qu'il receura ſur la requeſte qu'il preſentera à ceſte fin audit Conſeil.

Ledit Abraham, ſes aſſociez & Commis allans & venans pour ladite Ferme, & ayant auec eux l'adueu dudit Abraham, pourront & leurs gens deſquels ils demeureront reſponſables, porter toutes ſortes d'armes à feu ou autres, nonobſtant les deſenſes portées par les Ordonnances de ſa Majeſté.

Seront donnez & deputez Commiſſaires audit Conſeil à meſure qu'il en ſera beſoin, tant pour l'execution du preſent contract, que pour faire rapport audit Conſeil des differens qui interuiendront en execution d'iceluy pendant le cours du preſent contract.

Et pour la ſeureté & execution d'iceluy, baillera ledit Abraham bonne & ſuffiſante caution de la ſomme de cent mil liures pardeuant les Threſoriers de France en la Generalité de Touraine.

Faict au Conſeil d'Eſtat du Roy, tenu pour ſes Finances à Nantes, le 22. iour d'Aouſt 1626.

✿✿✿✿✿✿✿✿✿✿✿✿✿✿✿✿✿✿✿✿✿✿✿✿✿✿✿✿✿✿✿✿

ENSVIT LE REGLEMENT DE l'impoſition nouuelle de la Riuiere de Loire, fleuues deſcendans en icelle, & autres lieux contenus aux anciens Baux de ladite impoſition.

SVR chacune pippe de vin de quelque creu & qualité qu'elle ſoit voituree par eau ou par terre par les Bureaux & Tabeliers des Traittes & impoſitiós Foraines d'Anjou, Vicomté de Thoüars & Duché de Beaumont, où par l'vn d'iceux pour eſtre mené en Bretagne ou ailleurs hors d'Anjou, ſera pris ſoixante & quinze ſols, au lieu de quarante cinq ſols qui ſe prenent pour ladite nouuelle impoſition, & des vingt ſols qui ſe leuent à Saumur en conſideration de l'admortiſſement deſdits Peages, & moyennant ſera tenu ledit Abraham payer par chacun an durant leſdites huict années aux Eſcheuins de Saumur, la ſomme de quatre mil liures pour employer aux reparations & entretenemens des Ponts dudit Saumur.

Sur chacune pippe de vin qui sera menee au pays du Maine & de Normandie, ne sera pris que soixante sols, au lieu de quarante-cinq sols qui se prennent pour ladite nouuelle imposition & des vingts sols qui se leuent audit Saumur, & desdits Peages.

Et pour les vins du creu de Rouzillé, Lire & Chastellenie de Chantreaux, voicturez tant par eau que par terre en quelque lieu que ce soit, au lieu de quarante-cinq sols qui se leuoient pour la nouuelle imposition, ne sera pris que quarante sols.

Et pour le regard du vin passant par la Seneschaussee de Saumur pour estre consommé en Aniou, payera audit Tablier de Saumur, la somme de vingt sols pour pippe comme auparauant.

Et sur les marchandises cy apres declarees passant par les Tabliers desdites Traittes ou destroits qui en dependent ou l'vn d'eux quelque part qu'elles soiét voitureestant par eau que par terre, sera pris & imposé ce qui ensuit pour ladite nouuelle imposition.

Sur chacune barique d'eau de vie passant par les Bureaux desdites Traittes, sera pris quarante sols, & sur celle qui se sera au Comté de Nantes, sera seulement pris vingt sols, lesquels seront receus par ledit Abraham & ses associez, auec les droits de ladite Preuosté de Nantes.

Sur chacun ballot de papier pesant cent cinquante liures, sur lequel se prenoit quinze sols pour ladite nouuelle imposition, ne se prendra aucune chose.

Sur chacun ballot de Librairie du poids de huict à neuf vingts liures auec son emballage, sera pris quinze sols comme auparauant.

Sur chacun ballot de toille blanche du poids de cent cinquante liures, sera pris vn escu comme auparauant. Et sur chacun ballot de toille de caneuas de la Ferté, Nogent, le Lude, Beaufort & autres semblables du poids de quatre cens liures, vn escu.

Sur chacun milier de pruneaux sur lequel se prenoit quarante trois sols quatre deniers pour ladite nouuelle imposition ne se prendra aucune chose, & outre sera deschargé de trente-trois sols quatre deniers sur l'imposition de la Traitte Domaniale, pour laquelle ne sera pris que soixante sols, au lieu de quatre liures.

liures trois fols quatre deniers qui fe payoient cy-deuant pour ladite Traitte Domaniale.

Sur chacun cent pefant de draps de laine de quelque qualité que ce foit fur lequel fe prenoit vingt fols , ne fe prendra que quinze fols.

Sur chacun cet pefant de toutes fortes de Mercerie de quelque qualité qu'elles foient fur lequel fe prenoit quinze fols , ne fe prendra que dix fols.

Et fur chacun cent pefant de toutes fortes d'eftoffes de foye, fe prendra quinze fols comme auparauant.

Sur chacun cent de tuffeau , fe prendra fept fols fix deniers comme auparauant.

Sur chacune balle de laine de quelque pays que ce foit paffant par Ingrande, Angers, les Pont de Cé, Saumur, Monforeau, Cande, ou l'vn defdits Tabliers du poids de deux cens liures , au lieu de trente fols , fera prins quinze fols.

Sur chacun baril ou caque de haran ou fardines blanc ou foret, gabilleau ou baleine , faumon , ou aloze , à compter deux pour la baffe, fe prendra trente fols, conformément à l'eftabliffement & Declaration du 20. Decembre 1599. Et ce au lieu de quinze fols qui fe leuent à prefent pour ladite nouuelle impofition, & en confideration des grands Peages qui fe leuent fur ledit poiffon.

Sur chacun cent de moruë verde, au lieu de dix fols & de tous lefdits Peages , fera feulement pris vingt fols.

Sur chacun cent de moruë feiche de quelque qualité qu'elle foit, au lieu de cinq fols & defdits Peages , fera feulement pris douze fols.

Sur chacun cent pefant de raye , au lieu de fix fols & defdits Peages, fera feulement pris huict fols.

Sur chacun cent de margade ou feiche , au lieu de dix-huict deniers & defdits Peages, fera feulement pris trois fols.

Et pour le regard de tout le poiffon cy-deffus fpecifié qui fera voituré en la ville d'Angers & faux-bourgs , pour y eftre confommé ne payera que la moitié des droits cy deffus mentionnez.

Sur chacune pippe d'huile d'oliue fur laquelle fe prenoit fix liures pour ladite impofition, fera feulement pris trois liures.

B

Sur chacune pippe d'huile de poisson sur laquelle se prenoit pour ladite imposition soixante sols, sera seulement pris vingt sols.

Sur chacun cent pesant de sucre, espiceries, alun, sauon, raisins, figues, ris, amidon, & toutes autres sortes de drogueries & Apoticaireries, au lieu de vingt sols, sera seulement pris quinze sols.

Sur chacune balle de pastel du poids de huiçt à neuf vingts liures, au lieu de quinze sols qui se prenoient pour ladite imposition & de tous lesdits Peages, sera seulement pris douze sols.

Sur chacun milier de suif, poix, ou razine, au lieu de soixante sols qui se prenoient & de tous lesdits Peages, sera seulement pris cinquante sols.

Sur chacun milier de fer ou acier, au lieu de soixante sols qui se prenoient pour ladite nouuelle imposition & de tous lesdits Peages, sera seulement pris cinquante sols.

Sur chacun milier de merrain sur lequel se prenoit quarante sols ne se prendra aucune chose.

Sur chacun muid de sel mesure de Paris au lieu desdits Peages qui se payent en diferents endroits, & qui reuiennent à la somme de quarante-cinq sols, se prendra pareille somme de quarante-cinq sols qui se payera en vn seul endroit à Ingrande, fors & reserué toutesfois pour le sel qui entrera dans la riuiere du Maine, ou qui sera deschargé dans l'Anjou, pour lequel ne se payera que trente sols pour muid.

Au payement de tous lesquels droits, toutes sortes de personnes seront contraintes sans aucune exception, & dont aucun ne se pourra dire & pretendre exempt.

Et pour le regard de toutes les autres marchandises qui ne sont specifiees en la presente Pancarte, ne sera pris aucun droit pour ladite nouuelle imposition à peine de concussion. Faiçt au Conseil d'Estat du Roy tenu pour ses Finances à Nantes, le 22. jour d'Aoust 1626. signé BERTRAND, & collationné.

S'ENSVIT L'ARREST DE
subrogation dudit Mefmin és articles & droits cy-deffus mentionnez.

Extraict des Regiftres du Confeil d'Eftat.

V R ce qui a efté reprefenté au Roy en fon Confeil par René Mefmin fieur de Silly, que Guillaume Abraham fous la caution du fieur de Rocher-Portail, auroit par Articles arreftez audit Confeil le 22. Aouft 1626. traitté auec fa Majefté pour l'extinction des Peages qui fe leuent fur la riuiere de Loire appartenans à plufieurs particuliers aux charges & conditions portees par ledit Traitté : lequel feroit demeuré fans effect ny execution à caufe du deceds dudit Rocher-portail, offrant ledit Mefmin à fa Majefté d'accepter ledit traicté, aux mefmes claufes & conditions d'iceluy, à commencer la iouyffance au premier Ianuier prochain. Et outre mettre en Mer quatre Vaiffeaux du port & efquipage tel qu'il a reprefenté l'eftat à Monfieur le Cardinal de Richelieu, Sur-jntendant general de la Nauigation & commerce de France. LE ROY EN SON CONSEIL a receu & reçoit les offres dudit Mefmin, ainfi qu'il eft porté par le prefent Arreft, la fubrogé & fubroge au lieu dudit Abraham, aux charges, claufes & conditions d'iceluy, à commencer la iouyffance du premier Ianuier prochain, & qui finira au dernier Decembre que l'on comptera 1638. à la charge de fournir à fes defpens le nombre de quatre Vaiffeaux du port & equipage, & au temps qui fera ordonné par Monfieur le Cardinal de Richelieu, Grand Maiftre, Sur-jntendant general de la Nauigation & Commerce de France, fuiuant ledit eftat qui en a efté baillé par ledit Mefmin, le tout fans prejudice de ce qui eft deu à fa Majefté par ledit Abraham & heritiers dudit Rocher-portail. Faict au Confeil d'Eftat du Roy tenu à Paris le 5. jour de Decembre 1629. Signé, CORNVEL.

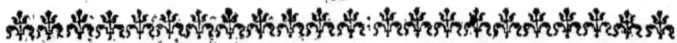

S'ENSVIT LA COMMISSION POVR
la verification du Traitté & de l'Arrest.

OVYS PAR LA GRACE DE DIEV ROY DE FRANCE ET DE NAVARRE. A nos amez & feaux Conseillers les gens tenans nostre Cour des Aydes à Paris, Salut; Ayans pour les causes contenuës en l'Arrest donné en nostre Conseil d'Estat le 5. du present mois, cy-attaché soubs le contre-seel de nostre Chancellerie, receu & accepté les offres y mentionnees, faites par Maistre René Mesmin sieur de Silly denommé audit Arrest, & iceluy subrogé au traitté fait auec Nous par Maistre Guillaume Abraham, par articles arrestez en nostredit Conseil le 22. Aoust 1626. pour le restablissement du commerce de la Riuiere de Loire & autres fleuues descendans en icelle, par le rachapt & admortissement des Peages qui se leuent sur ladite Riuiere de Loire appartenans à plusieurs particuliers, à la charge par ledit Mesmin de satisfaire aux charges, clauses & conditions dudit traicté, à commencer la jouyssance du premier Ianuier prochain, & qui finira au dernier Decembre 1638. Et aussi de fournir par iceluy Mesmin à ses despens le nombre de quatre vaisseaux du port & esquipage, & au temps qu'il luy sera ordonné par nostre tres cher Cousin le Cardinal de Richelieu, Grand Maistre, chef & Sur-jntendant general de la Nauigation & Commerce de France, suiuant l'estat qui luy en a esté baillé par ledit Mesmin, le tout sans prejudice de ce qui nous est deub par ledit Abraham & heritiers du sieur du Rocher-portail. A CES CAVSES de l'aduis de nostredit Conseil, Nous vous mandons, ordonnons & tres-expressement enjoignons, de verifier & faire registrer ledit Arrest, & de l'effect d'iceluy jouyr & vser pleinemét & paisiblement ledit Mesmin durant lesdites huict annees sans permettre ny souffrir qu'il y soit contreuenu, contraignans & faisans contraindre tous ceux qu'il appartiendra d'y obeyr & satisfaire par toutes voyes deuës & raisonnables, nonobstant oppositions ou appellations quelconques pour lesquelles ne voulons estre differé, & dont si aucunes interuiennent, Nous nous

en fommes referuez la cognoiffance en noftredit Confeil, icelle
interdifons & defendons à tous autres Iuges conformément audit traitté : CAR TEL eft noftre plaifir. Et d'autant que defdits Arreft & pieces on pourra auoir befoin en plufieurs & diuers
lieux, Nous voulons qu'à la copie deuëment collationnee par
l'vn de nos amez & feaux Confeillers & Secretaires foy foit ad-
jouftee commé à l'original. DONNE'à Paris le
jour de Decembre, l'an de grace mil fix cens vingt-neuf. Et de
noftre regne le vingt-vniefme, Par le Roy en fon Confeil,
Signé, CORNYEL.

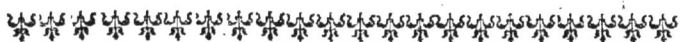

EXTRAICT DES REGISTRES
du Confeil d'Eftat.

V E v au Confeil du Roy les offres faites en
iceluy par Gilles Launoy, contenant que
s'il plaift à fa Majefté le fubroger au traitté cy deuant fait par Maiftre Guillaume
Abraham, auquel Maiftre René Mefmin
fieur de Silly a efté fubrogé par Arreft du
Confeil du 6. iour de Decembre dernier,
pour le rachapt des Peages de la riuiere
de Loire, à condition de le faire joüir
pendant huict années, qui commenceront le premier Iuillet
prochain du prix des Fermes & droits, dont joüit à prefent Maiftre Simon Preuoft, en vertu de fon bail du vingt-feptiefme Nouembre 1627. des mains duquel Preuoft ledit Launoy reçeura le
prix entier defdites Fermes & droits fur fes fimples quittances
fans aucunes nouuelles, ny que ledit Launoy foit tenu de payer
les gages des Officiers & autres charges affignées fur ladite Ferme au payement du prix, duquel bail & aux termes portez par
iceluy, ledit Preuoft fera contrainct en vertu du prefent Arreft,
comme pour les affaires de fa Majefté, quoy faifant il en demeurera quitte & defchargé, & qu'à faute de payer par ledit Preuoft
ledit prix entier defdites Fermes audit Launoy dans le temps à

ce ordonné, ledit Launoy pourra deposseder ledit Preuost, en vertu du present Arrest sans estre tenu enuers luy d'aucun desdommagement pour quelques cause & occasion que ce soit, mesmes pour la seureté & conseruation des deniers de ladite Ferme, ledit Launoy pourra commettre en chacun Bureau, vn commis qui aura vne des deux clefs du coffre dans lequel seront, par chacun jour mis les deniers de ladite Ferme à commencer dudit jour premier Iuillet prochain : Apres lequel bail expiré ou en cas qu'à faute de payement & d'insoluabilité du prix d'iceluy, ledit Preuost en soit deposse dé & non autrement, ledit Launoy joüira par ses mains desdites Fermes, pour ce qui restera à expirer desdites huict années, sans aucune augmentation du prix que ledit Preuost paye à present de ladite Ferme, luy accorder la faculté de faire lesdits rachapts, à la charge neantmoins que où il se trouueroit qu'ils se montent d'auantage que la somme de six cens mil liures, ledit Launoy ne pourra estre tenu fournir pour iceux que jusqu'à la concurrence desdites six cens mil liures seulement, sçauoir moitié en la premiere, & l'autre moitié en la deuxiesme année de ladite subrogation, qui commenceront audit jour premier Iuillet prochain, ledit Launoy payera par chacune des huict années desdits Offices, qui commenceront audit premier Iuillet prochain, pareille somme que ledit Abraham & Silly son subrogé estoient tenus de payer pour leur traitté & Arrest de subrogation, & au lieu des quatre vaisseaux que ledit Silly estoit tenu de fournir, dont l'estimation n'auoit esté faite par ledit Arrest de subrogation, fournira ledit Launoy en argent comptant la somme de trois cens cinquante mil liures, ou des vaisseaux de la valeur desdits trois cens mil liures, dans les termes & au prorata des payemens cy-apres, suiuant l'ordre qui en sera donné par Monsieur le Cardinal de Richelieu, grand Maistre & Surintendant general de la nauigation & commerce de France. Et en cas qu'il luy soit ordonné de payer lesdits trois cens mil liures, en deniers en fera les payemens, sçauoir cent cinquante mil liures au premier de Iuin prochain, cent mil liures au premier Nouembre ensuiuant, & pareille somme de cent mil liures au premier Mars 1631. apres que lesdites offres ont esté considerées audit Conseil, & trouuées grandement aduantageuses pour le seruice de sa Majesté , attendu que ledit Silly ne s'est mis en aucun deuoir d'executer sondit traitté, ny baillé caution pour iceluy bien qu'il l'ait deub faire dans le premier Ianuier dernier. LE ROY EN SON CONSEIL a reçeu & accepté lesdites offres, clauses & conditions y contenuës, & moyennant icelles a subrogé & subroge ledit Launoy au traitté cy-deuant fait par ledit Abraham , & Arrest de subrogation dudit Silly pour le rachapt des Peages de la riuiere de Loire, & ordonné que toutes les lettres & expeditions necessaires , seront deliurées audit Launoy pour la joüyssance du contenu audit Traitté & bail dudit Preuost aux charges & conditions desdites offres , faict sa Majesté deffences audit de Silly de troubler ou empescher ledit Launoy en la joüyssance des choses contenuës au present Arrest & execution des conditions d'iceluy, à peine de tous despens dommages & interests. Faict au Conseil d'Estat du Roy , tenu à Troys le quatriesme iour d'Auril mil six cens trente. Signé, CORNVEL.

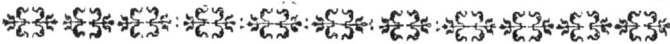

EXTRAICT DES REGISTRES
du Conseil d'Estat du Roy.

VR ce qui a esté representé au Roy en son Conseil par Maistre René Mesmin sieur de Silly, subrogé par sa Majesté au traitté de Maistre Guillaume Abraham pour le rachapt & admortissement des Peages qui se leuent sur la Riuiere de Loire, par Arrest du Conseil du 6. Decembre dernier, que s'estant en execution dudit Arrest & traitté acheminé en la ville de Nantes pour cognoistre la qualité d'iceux, pouruoir aux remboursemens des proprietaires & pretendans droits ausdits Peages, & faire fabriquer les quatre vaisseaux du port & equigage porté par ledit Arrest de subrogation, il auroit eu aduis qu'vn nommé Launoy ayant supposé au Conseil qu'il n'auoit tenu compte de satisfaire aux clauses & conditions portees par ledit Arrest de subrogation, ny mesmes leué ledit traitté & Arrest, & sous pretexte que ledit Launoy auoit offert de fournir en argent la somme de trois cens.

cinquante mil liures au lieu defdits quatre vaiſſeaux, par Arreſt
du Conſeil du 4. Auril dernier ſes offres ayant eſté receuës, ledit Arreſt du 6. Decembre a eſté reuoqué, & ledit Launòy
ſubrogé au lieu & place dudit Meſmin, à des conditions plus foi-
bles que les ſiennes. Requerant qu'il pleuſt à ſa Majeſté le re-
ſtablir en la joüyſſance du ſuſdit traitté & Arreſt de ſubrogation
du 5. Decembre dernier, condamner ledit Launoy en tous
ſes deſpens dommages & intereſts, offre en tout cas de fournir
au lieu deſdits quatre Vaiſſeaux juſques à la ſomme de quatre
cens mil liures, & mil piſtolles pour les menus plaiſirs du Roy,
faiſant par ce moyen la condition de ſa Majeſté meilleure de
la ſomme de cinquante ſept mil huict cens liures. Veu leſdits articles, leſdits Arreſts des cinquieſme Decembre & 4. Auril 1630.
& tout conſideré. LE ROY EN SON CONSEIL,
a maintenu & conſerué ledit Meſmin en la joüyſſance dudit
traitté d'Abraham aux clauſes & conditions portees par ledit
Arreſt de ſubrogation du cinquieſme Decembre dernier, qu'elle
veut eſtre executé de poinct en poinct ſelon ſa forme & teneur,
fors & excepté en ce qui eſt de la forniture des quatre vaiſſeaux
y mentionnez, au lieu deſquels ledit Meſmin payera ſuiuant
& conformement à ſes dernieres offres mil piſtolles pour les
menus plaiſir de ſa Majeſté, & és mains du Threſorier de ſon
Eſpargne la ſomme de quatre cens mil liures, à ſçauoir dans le
premier iour de Iuin prochain, la ſomme de cent cinquante mil
liures, & ſix vingts cinq mil liures dans le premier iour de Nouembre enſuiuant, & le ſurplus montant pareille ſomme de ſix
vingts cinq cens liures, au premier Mars 1631. moyennant lequel payement, il demeurera deſchargé de la fourniture des
vaiſſeaux; Et ce faiſant ſa Majeſté à reuocqué & reuocque l'Arreſt de ſubrogation dudit Launoy qu'elle veut demeurer nul &
de nul effect ſans qu'en conſequence d'iceluy, ledit Meſmin
puiſſe pretendre auoir eſté innoué en tout ny en partie tant audit traitté d'Abraham que ſon Arreſt de ſubrogation, ſauf à faire
droit audit Launòy ſur ſon rembourſement en cas qu'il juſtifie
auoir faict aucun payement en execution dudit Arreſt: du qua-
trieſme Auſtil dernier. Faict au Conſeil d'Eſtat du Roy, tenu à
Lyon le 17. iour de May 1630. Signé BARDEAV.

EXTRAICT

EXTRAICT DES REGISTRES
du Conseil d'Eftat.

S VR ce qui a efté reprefenté au Roy en fon Confeil par Maiftre René Mefmin fubrogé au traicté
faict par Maiftre Guillaume Abraham pour le rachapt des Peages de la riuiere de Loire, par Arreft
du Confeil du 5. Decembre dernier, & maintenu
en ladite fubrogation par autre Arreft du Confeil du 17. May
dernier, Qu'ayant prefenté lefdits Arrefts à la Cour des Aydes
de Paris, pour y eftre regiftrez & mis en poffeffion, & jouyffance des chofes à luy accordees, tant par ledit traicté d'Abraham,
qu'Arreft de fubrogation. Ladite Cour auroit faict difficulté de
proceder audit enregiftrement à caufe des oppofitions formees,
tant par Maiftre Simon Preuoft Fermier des Traictes & Impofitions Foraines d'Anjou, que par Maiftre Gilles Launoy qui
auoit efté fubrogé audit Abraham par Arreft du Confeil du
4. Auril dernier, lequel auroit efté depuis reuoqué au profit dudit Mefmin, ayant ladite Cour renuoyé toute les parties
pardeuers fa Majefté en fon Confeil pour rapporter declaration
de fa volonté, & fous le nom duquel ledit traicté & Arrefts doi-
uent eftre executez: Veu l'Arreft de fubrogation dudit Mefmin
audit traicté d'Abraham, donné au Confeil le 5. Decembre dernier: Autre Arreft du Confeil portant fubrogation dudit traicté
d'Abraham, en faueur dudit Launoy du 4. enfuiuant: Autre Arreft du 17. May dernier, par lequel la fubrogation dudit Launoy
eft reuoquée, & ledit Mefmin conferué & maintenu en la iouyffance des chofes à luy accordees par ledit Arreft du 5. Decembre
dernier. L'Arreft de la Cour des Aydes de Paris du 21. Iuin dernier, par lequel appert tant des oppofitions formees à l'enregiftrement de l'Arreft de fubrogation dudit Mefmin, que lefdits
Launoy & Preuoft, que par plufieurs proprietaires des Peages de
ladite riuiere de Loire. LE ROY EN SON CONSEIL,
a ordonné & ordonne audit Mefmin de proceder inceffamment
au rachapt defdits Peages de la riuiere de Loire, & à l'entiere

C

execution des claufes & conditions, tant dudit traicté d'Abraham que des Arrefts du Conſeil du 5. Decembre dernier, & 17.
May enſuiuant : Faict ſa Majeſté tres-expreſſes inhibitions &
defenſes auſdits Launoy, Preuoſt, vefue le Cocq, Iean de la
Grange, Cezar de Combes & tous autres de troubler ledit Meſmin en la jouyſſance des choſes à luy accordees par ledit bail &
Arreſts : Ordonne ſadite Majeſté à ladite Cour des Aydes de
proceder à l'enregiſtrement pur & ſimple des Arreſts de ſubrogation dudit Meſmin, & du contenu en iceux le faire iouyr plainement & paiſiblement : Nonobſtant leſdites oppoſitions, &
celles des proprietaires deſdits Peages de la riuiere de Loire,
deſquelles ſa Majeſté s'eſt reſerué la cognoiſſance, & à ſon Conſeil conformement au traicté faict auec ledit Abraham. Faict
au Conſeil d'Eſtat du Roy, tenu à Grenoble le troiſieſme iour
de Iuillet mil ſix cens trente. Collationné, Signé Bardeau.

EXTRAICT DES REGISTRES
du Conſeil d'Eſtat.

SVR ce qui a eſté repreſenté au Roy en ſon Conſeil
par René Meſmin ſieur de Silly, que par Arreſt du
6. Decembre 1629. il a eſté ſubrogé au traicté faict à
Guillaume Abraham le 22. Aouſt 1626, pour faire le
rachapt & admortiſſement des Peages de la riuiere de Loire, auquel Arreſt de ſubrogation il a eſté confirmé & maintenu par
autre Arreſt du 27. May dernier, nonobſtant autre Arreſt de
ſubrogation au meſme traicté obtenu par Gilles Launoy le 4.
Auril de la meſme annee, pour ſatisfaire auſquels rachapts, clauſes & conditions dudit traicté d'Abraham, & Arreſt de ſubrogation, ſa Majeſté a accordé audit Meſmin, durant huict annees
qui ont commencé au premier Ianuier dernier, la jouyſſance des
Traictes & Impoſitions foraines d'Anjou, Preuoſté de Nantes &
autres droits, deſquels jouyſſent à preſent comme Fermiers, Simon Preuoſt, Iean de la Grange, Ceſar de Combes & la vefue
& heritiers deffunct Ioſeph le Cocq, ſuiuant leur bail du 27. No-

uembre 1627. duquel bail ledit Mefmin à la faculté de les poffe-
der par fondit traicté : mais d'autant que lefdits Fermiers ont
voulu pretendre de grands defdommagemens, tant contre fa
Majefté, pour les annees paffees de leur bail, que pour ce qui en
refte à expirer,côtre ledit Mefmin; il leur a accordé & confenty
la jouyffance par acte à eux fignifiees le 4. Ianuier dernier, pour
le temps qui refte a expirer de leur bail, en fourniffant par eux
vn nouuel affocié & caution au lieu dudit deffunct le Cocq qui
s'obligeroit folidairement au payement du pris de ladite ferme : Ce qui auroit efté ainfi ordonné, tant par Arreft du Confeil
du vingt-troifiefme Auril dernier, qu'autre du troifiefme
du prefent mois, Requerant qu'il plaife à fa Majefté ordonner
que tant ledit Preuoft, la Grange, de Combes, & celuy qui entrera pour affocié auec eux au lieu & place dudit le Cocq, feront
tenus luy payer le pris dudit bail aux termes portez par iceluy
fur fes fimples quittances, dont en ce faifant ils demeureront valablement defchargez en vertu du prefent Arreft. Veü ledit traicté d'Abraham du 22. Aouft 1626. Arrefts de fubrogation &
maintenu dudit Mefmin des 5. Decembre 1629. & 17. May dernier. Le bail dudit Preuoft du 27. Nouembre 1627. acte par lequel ledit Mefmin confent qu'ils joüyront de ladite Ferme du 4.
Ianuier dernier. Arreft du Confeil du 23. May & 3. Iuillet enfuiuant. Le Roy en fon Confeil a ordonné & ordonne que ledit
Preuoft & fes affociez payeront à commencer du premier Ianuier dernier le prix de leur bail aux termes portez par iceluy és
mains dudit Mefmin fur les fimples quittances, au lieu de la
joüyffance de ladite Ferme, conformement audit traitté d'Abraham, & Arreft de fubrogation, dont en ce faifant il demeureront bien & valablement defchargez, comme pareillement fera
tenu ledit Mefmin de fournir à l'Efpargne les fommes, au payement defquelles eftoit tenu ledit Abraham par fondit traitté, &
de remettre au Greffe de la Châbre & les contracts des admor-
tiffemens & rachapts des Peages de ladite riuiere de Loire, dedans la fin du mois de Mars 1631. fuiuant le temps porté par ledit
traitté d'Abraham. Faict au Confeil d'Eftat du Roy, tenu à Grenoble le 12. Iuillet 1630. Signé, CORNVEL.

C ij

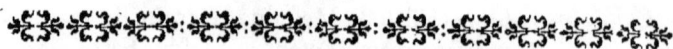

EXTRAICT DES REGISTRES
du Conseil d'Estat.

SVR ce qui a esté representé au Roy en son Conseil par René Mesmin sieur de Silly, qu'encore que par Arrest dudit Conseil du sixiesme Decembre dernier, il ayt esté subrogé au traitté que le feu sieur duRocher Portail, auoit faict auec sa Majesté soubs le nom de Guillaume Abraham, le 22. Aoust 1626. pour raison du rachapt & admortissement des Peages qui se leuent sur la riuiere de Loire, & qu'il se soit mis en deuoir de satisfaire aux conditions esquelles il estoit obligé par iceluy : Neantmoins Gilles Launoy auroit le 4. Auril dernier esté subrogé audit traitté d'Abraham au prejudice dudit Mesmin, lequel a obtenu autre Arrest dudit Conseil du 17. May ensuiuant, portant reuocation de celuy dudit iour 4. Auril. Et par autre Arrest du 12. Iuillet dernier donné en consequence : Sa Majesté auroit ordonné que ledit Mesmin joüyroit des mesmes Fermes & droits dont iouyt à present Maistre Simon Preuost, & qui auoient esté accordée audit Launoy, mais d'autant que par lesdits Arrests, il n'est fait mention que la joüyssance du prix desdites Fermes dudit Preuost appartiendra entierement audit Mesmin, & que ceste omission luy pouuoit prejudicier, & causer quelque difficulté à cause de la difference du bail dudit Preuost au traité d'Abraham, s'il n'y estoit pourueu; il requeroit qu'il pleust à sa Majesté sur ce declarer son intention. Veu lesdits Arrests du Conseil sus mentionnez, le traitté faict par sa Majesté audit Abraham le 22. Aoust 1626. ensemble les baux faits desdites Fermes des Traittes d'Anjou, Preuosté de Nantes & autres Fermes, tant à Iean Girard, que depuis à Maistre Simon Preuost les cinquiesme Iuin 1627. & 27. Nouembre ensuiuant. LE ROY EN SON CONSEIL, A ordonné & ordonne que ledit Mesmin joüyra du prix desdites Fermes, pendant les années restantes du bail dudit Preuost, & apres icelles expirées, qu'il joüyra aussi pour les annees qui resteront à expirer de sondit traitté des mesmes droits, dont ledit Preuost joüyt à prefent fuiuant fon bail fans aucune innouation , & à cefte fin que toutes lettres neceffaires luy feront expediées. Fait au Confeil d'Eftat du Roy, tenu à Lyon le vnziefme iour de Septembre mil fix cens trente. Signé , CORNVEL.

LOVYS PAR LA GRACE DE DIEV ROY DE FRANCE ET DE NAVARRE. A nos amez & feaux Confeillers les gens de nos Comptes, & Cour des Aydes à Paris , Salut : Le fieur du Rocher Portail , ayant le 22. Aouft 1626. traitté auec nous foubs le nom de Guillaume Abraham pour le rachapt & admortiffement des Peages qui fe leuent fur la riuiere de Loire, ledit traité n'auroit eu lieu à caufe du deceds dudit Rocher Portail , ce qui nous auroit donné fujeĉt de faire bail à Maiftre Adam Girard le cinquiefme Iuin 1627. de la Ferme d'Anjou, Preuofté de Nantes, & autres Fermes y jointes, pour en joüyr du premier de Iuillet audit an; defquelles Fermes il auroit efté depoffedé au mois de Nouembre , par le moyen de l'adjudication qui en fut faite pour huiĉt années à Maiftre Simon Preuoft, aux conditions portées par fon bail, & d'en payer à S. M. pour chacunes d'icelles, quatre cens trente-fept mil liures pendant le temps que lefdits Peages ne feront racheptez, & apres le rachapt defdits Peages quatre cens foixante & deux mil liures, excepté les deux dernieres années, pour lefquelles il doit payer quatre cens foixante & deux mil liures , depuis lequel bail René Mefmin fieur de Silly auroit efté fubrogé au lieu dudit Abraham par Arreft de noftre Confeil du cinquiefme Decembre 1629. pour faire le rachapt defdits Peages , & payer à l'Efpargne les fommes portees par ledit traitté , moyennant la joüyffance defdites Fermes pendant huiĉt années commencées au premier Ianuier 1630. & à la charge de nous fournir à fes defpens le nombre de quatre vaiffeaux , & neantmoins ayant commencé de fe mettre en joüyffance & fait de grands frais & aduance à c'eft effeĉt, Gilles Launoy auroit efté fubrogé en fon lieu au traitté d'Abraham par Arreft de noftre Confeil du 4. Auril dernier , à la charge fuiuant les offres de faire le rachapt defdits Peages , iufques à fix cens mil liures feulement, dans deux ans ; de fatisfaire aux autres conditions que ledit Mefmin eftoit obligé par fon traitté , & de nous payer au lieu defdits quatre vaiffeaux trois

cens cinquante mil liures , moyennant la joüyffance pendant
huict annees du prix des Fermes & droits , dont joüift à prefent
ledit Preuoft en vertu de fon bail dudit 27. Nouembre 1627. & à
la charge de receuoir le prix entier defdites Fermes fur fes fimples quittances. Ce qui auroit obligé ledit Mefmin de demander la caffatió du traitté faict audit Launoy, & en tout cas la pre-
preference, à la charge de faire lefdits rachapts à quelques fommes qu'ils fe puiffent monter conformement à fon traitté, & outre de payer la fomme de cinquante mil liures, de plus que ledit
Launoy moyennant la joüiffance defdites Fermes, qui auoit efté
accordee à iceluy Launoy ; aquoy il auroit efté reçeu, & ledit Arreft du 4. Auril reuocqué, par autre Arreft du 17. May enfuiuant,
par lequel l'on auroit obmis de declarer que ledit Mefmin joüyroit des mefmes Fermes & droits dont ledit Preuoft joüift à prefent, & qui auoient efté accordée audit Launoy , ce qui a efté depuis ordonné par l'Arreft du 12. Iuillet dernier , mais d'autant
que par lefdits Arrefts il n'eftoit fait mention que la joüyffance
du prix des Fermes , appartiendroit entierement audit Mefmin,
& que cefte obmiffion luy euft peu preiudicier , & apporter difi-
culté à caufe de la difference du bail dudit Preuoft au traitté d'A-
braham , Nous aurions par autre Arreft de noftredit Confeil de
ce jourd'huy , ordonné que ledit Mefmin joüyra du prix defdites Fermes pendant les annees reftantes du bail dudit Preuoft, &
apres icelles expirées qu'il joüyra auffi pour les annees qui refteront auffi à expirer de fon traitté des mefmes droits dont ledit
Preuoft joüyft à prefent fuiuant fon bail fans aucune innouation. A C E S C A V S E S apres auoir faict voir en noftre
Confeil le traitté dudit Abraham , en fuitte duquel eft la Pancarte des Fermes & droits dont il deuoit joüir , les baux defdites
Fermes & Arrefts fus mentionnez & dattes y attachez foubs le
contrefeel de noftre Chancellerie , de l'aduis de noftre Confeil,
Nous vous mandons & ordonnons à chacun de vous endroit
foy de faire joüyr ledit Mefmin de l'effet defdits Arrefts des cinq
Decembre 1629. 17. May 12. Iuillet, & de ce jourd'huy plainement & paifiblement fans fouffrir ne permettre qu'il luy foit fait
mis ou donné aucun trouble ou empefchement au contraire,
contraignans & faifans contraindre tous ceux qu'il appartiendra
à ce faire fouffrir & obeyr par les voyes ordinaires & accouftu-

mee en tel cas ; nonobſtant oppoſitions ou appellations quelconques , par leſquelles & ſans prejudice d'icelles ne voulons
eſtre differé : Mandons en outre & commandons au premier
noſtre Huiſſier ou Sergent ſur ce requis, faire pour l'entiere execution des Arreſts obtenus par ledit Meſmin toutes les ſignifica-
tions, commandemens & contraintes neceſſaires , ſans qu'il ſoit
tenu demander autre congé ne permiſſion : Car tel eſt noſtre
plaiſir. Donné à Lyon le 11. jour de Septembre l'an de grace mil
ſix cens trente. Et de noſtre regne le vingt-vnieſme. Signé par
le Roy en ſon Conſeil CORNVEL. Et ſeellé du grand ſeel de
cire jaune.

EXTRAICT DES REGISTRES
du Conſeil d'Eſtat.

VR la requeſte preſentee au Roy en ſon Conſeil par
Symon Preuoſt & ſes aſſociez en la Ferme des
Traittes, nouuelles impoſitions d'Anjou & autres
fermes y jointes, à ce que pour les cauſes y conte-
nues. Il pleuſt à ſa Majeſté ordonner que Maiſtre René Meſmin
jouyra par ſes mains deſdites Fermes ſuiuant le traitté fait à
Guillaume Abraham auquel ledit Meſmin eſt ſubrogé, en deſ-
dommageant ledit Preuoſt & ſes aſſociez ou les receuoir à compte, ou que pour toucher ſes deniers , il ſera tenu de prendre les
quittances du Treſorier de l'Eſpargne à la deſcharge dudit Preuoſt & ſes aſſociez, ſi mieux il ne plaiſt à ſa Majeſté en cas que
ledit Preuoſt & aſſociez ſoient obligez de payer ſur les quittances dudit Meſmin, faire defences tant audit Treſorier de l'Eſpargne de decerner aucunes contraintes contre eux, que auſdits
Receueurs generaux des finances & des Traittes & autres qui
ſeront aſſignez ſur les deniers deſdites Fermes , d'obtenir ny
pourſuiure aucunes contraintes au Conſeil, ny pardeuant les
Treſoriers generaux de France de Tours, & enjoindre auſdits
Treſoriers de n'en donner aucuns contre ledit Preuoſt ny ſes
aſſociez, caution & Commis , & à tous Huiſſiers & Sergens de

les mettre à execution sur peine de trois mil liures d'amende, &
de tous despens dommages & interests , & faire deffences audit
Mesmin de decerner des contraintes contre eux ny en poursui-
ure aucunes audit Conseil sans y faire appeller , ledit Preuost &
ses associez , & à tous Huissiers & Sergens de les mettre à execution si elles ne sont obtenuës, ledit Preuost & ses associez ouys,
& ordonner que les associez dudit Mesmin demeureront respon-
sables du payement qu'il leur fera , & à cét effect qu'il sera baillé
acte vallable audit Preuost des associez dudit Mesmin, & moyé-
nant ce descharger pour l'aduenir ledit Preuost & ses associez de
compter à la Chambre des Comptes, à laquelle sera faict deffen-
ses de les contraindre , & ordóner que ledit Mesmin comptera à
leur descharge. V E V ladite requeste, articles & conditions accor-
dées par sa Majesté le 22. Aoust 1626. à Guillaume Abraham pour
l'establissement du commerce de la riuiere de Loire & autres
fleuues descendans en icelle , par le rachapt & admortissement
des Peages qui se leuent sur ladite riuiere de Loire, appartenans
à plusieurs particuliers aux códitions y declarees. Arrest du Conseil du 5. Decembre dernier, par lequel sa Majesté reçoit les offres
dudit Mesmin & le subroge au lieu dudit Abraham , aux charges,
clauses & conditions d'iceluy à commencer la jouyssance du premier Ianuier de la presente année. Acte signifié le 26. Decembre 1629. à la requeste dudit Preuost audit Mesmin , par lequel
il declare auoir donné ordre à ses Commis establis aux Bureaux
desdites Fermes, de quitter l'exercice de leurdite commission, &
laisser audit Mesmin la libre jouyssance d'icelle audit iour premier Ianuier , aux protestations de se pouruoir pour son desdommagement à cause de la depossession de ladite Ferme. Autre
acte signifié le 15. Ianuier dernier , par Damoiselle Louyse Masparault vefue de defunct Maistre Ioseph le Coq, viuant Conseiller Secretaire du Roy, au nom & comme Tuteur de Damoiselle
Lucresse le Coq , fille dudit deffunct & de Damoiselle Lucresse
Richard sa premiere femme, heritiere par benefice d'inuentaire
dudit deffunct son pere , viuant associé pour vn tiers auec Maistre Iean de la Grange & Cesar de Combes aux susdites Fermes & Traites Foraines d'Anjou à Maistre René Mesmin , subrogé au lieu dudit Guillaume Abraham, que ledit Masparault
quitte & abandonne lesdites Fermes au profit dudit Mesmin.

Arrest

Arrest du Conseil du 23. May dernier, par lequel sa Majesté ordonne que dans quinzaine du jour de la signification, qui sera faite du present Arrest aux personnes ou domiciles desdits Preuosts, & ses assosciez en ladite Ferme des Traittes & impositions Foraines d'Anjou, Preuosté de Nantes & autres, ils seront tenus fournir vn autre associé au lieu dudit le Cocq, qui entrera en pareille obligation que ledit le Cocq, pour la seureté des deniers de sa Majesté, autrement & à faute de ce faire dans ledit temps, qu'il y sera pourueu ; Exploit de signification dudit Arrest du 3. Iuin dernier. Autre Arrest du Conseil du 12. Iuillet dernier, par lequel est ordonné que ledit Preuost & ses associez payeront à commencer du premier Ianuier dernier le prix de leur bail aux termes portez par iceluy, és mains dudit Mesmin sur les simples quittances au lieu de la joüyssance de ladite Ferme, conformement audit traitté d'Abraham, & Arrest de subrogation, dont en ce faisant ils demeureront bien & valablement deschargez, & que ledit Mesmin sera tenu de fournir à l'Espargne les sommes, au payement desquelles estoit tenu ledit Abraham par sondit traitté, & de remettre au Greffe de la Chambre des Comptes les contracts des admortissemens & rachapts des Peages de ladite riuiere de Loire dans la fin du mois de Mars 1621 suiuant le temps porté par ledit traitté d'Abraham. Estat arresté au Conseil le 14. Mars 1630. de la recepte & despête de la Ferme des Traittes d'Anjou & Preuosté de Nantes, pour l'annee finie le dernier iour de Decembre 1629. Autre estat de la recepte & despence que sa Majesté entend estre faite durant la presente annee 1630. des deniers prouenans desdites Traittes &impositiós foraines d'Anjou, tout consideré. LE ROY EN SON CONSEIL en consequence dudit Arrest du 12. Iuillet dernier, a ordonné que ledit Preuost & associez payeront audit Mesmin le prix de ladite Ferme, sans que pour raison de ce ledit Mesmin puisse decerner aucuns executoires ou contraintes à l'encontre dudit Preuost & associez, ains seulement le pourra cótraindre en vertu d'executoires du Conseil decernees sur la requeste dudit Mesmin apres sommation par luy faite : les quittances duquel seruiront audit Preuost & associez en la reddition de leur compte en la Chambre, comme si elles estoient du Tresorier de l'Espargne, auquel sa Majesté fait defences de decerner

D

aucunes contraintes contre ledit Preuoſt & aſſociez pour le prix
de ladite Ferme : comme auſſi aux Treſoriers de Frãce en la generalité de Tours , ſur les requeſtes qui leur pourroient eſtre
preſentees par les Receueurs generaux des finances des Traittes Foraines & entrees de France, le prix entier de ladite ferme
appartenant audit Meſmin. Faiſt au Conſeil d'Eſtat du Roy
tenu à Lyon le treiziefme iour de Septembre, mil ſix cens trente.
Signé, CORNVEL.

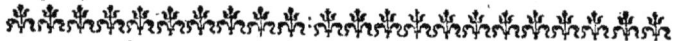

EXTRAICT DES REGISTRES
du Conſeil d'Eſtat.

VR ce qui a eſté remonſtré au Roy en ſon Conſeil par René Meſmin ſieur de Silly , ſubrogé au
traitté fait par Maiſtre Guillaume Abraham,
pour le rachapt des Peages de la riuiere de Loire,
que par Arreſt du Conſeil du 6. Decembre 1629.
ayant eſté maintenu en ladite ſubrogation par
autres Arreſts du 17. May & 11. Septembre dernier. Il auroit
repreſenté leſdits Arreſts en la Chambre des Comptes de Paris
pour y eſtre regiſtrez , & mis en poſſeſſion & iouyſſances des
choſes à luy accordees , tant par ledit traitté d'Abraham, qu'Arreſt de ſubrogation : Surquoy ladite Chambre auroit fait difficulté de proceder audit enregiſtrement, à cauſe d'vne pretenduë
enchere de cinquante mil liures ſignifiee le 24. Decembre dernier à la requeſte d'vn nommé Claude Brunet, homme inco-
gneu audit Meſmin , qui pretend demander l'execution de l'Arreſt donné au profit de Gilles Launoy le 4. Auril 1630, lequel a
eſté declaré nul, & reuoqué par ledit Arreſt du 17. May enſuiuãt,
& ledit Meſmin maintenu & confirmé en ſondit traitté. VEV
l'Ediſt de ſubrogation dudit Meſmin audit traitté d'Abraham
du 5. Decembre 1629. ceux de confirmation d'iceluy des 17. May
& 11. Septembre dernier, nonobſtant ledit Arreſt du 4. Auril
1630. donné au profit dudit Launoy, la ſignification de la pretenduë enchere faite au Procureur dudit Meſmin en ladite

Chambre des Comptes le 24. Decembre dernier, laquelle a esté
examinee audit Conseil, & trouuee moins aduantageuse que
les conditions dudit Mesmin. LE ROY EN SON
CONSEIL a deboutté & deboutte ledit Brunet de ladite enchere, ordonne à ladite Chambre de passer outre à l'enregistrement des Arrests dudit Mesmin, & du contenu en iceux le faire
iouyr plainement & paisiblement nonobstant toutes oppositiōs
qui pourroient intreruenir, dont sa Majesté s'est reseruee la cognoissance en son Conseil, suiuant & au desir dudit traitté d'A-
braham & Arrest dudit Mesmin, de proceder incessamment au
rachapts des Peages de la riuiere de Loire dans le temps porté
par sondit traitté. Faiét au Conseil d'Estat du Roy tenu à Paris
le douziesme iour de Mars mil six cens trente-vn.

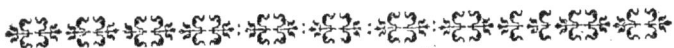

EXTRAICT DES REGISTRES
de la Chambre des Comptes.

E v par la Chambre les Lettres patentes
du Roy donnees à Lyon le 11. iour de
Septembre mil six cens trente signees par
le Roy en son Conseil Cornuel: Par lesquelles sa Majesté ayant par Arrest de
sondit Conseil du cinquiesme Decembre
1629. subrogé Maistre René Mesmin
sieur de Silly, au lieu de Maistre Guillaume Abraham, au traitté a luy fait pour le
rachapt & admortissement des Peages qui se leuent sur la riuiere de Loire, & payer à l'Espargne les sommes portees par ledit
traitté, moyennant la iouyssance des fermes d'Anjou, Preuosté de Nantes & autres y iointes pendant huiét annees commencees au premier Ianuier 1630. & à la charge de fournir
le nombre de quatre vaisseaux, par Arrest du 17. May ensuiuant
audit an 1650. reuoqué celuy du 4. Auril precedent, portant subrogation en son lieu de Gilles Launoy au traitté dudit Abraham, & receu ledit Mesmin en ses offres portees par ledit Arrest.

Par autre du douziefme Iuillet dernier, ordonné qu'iceluy Mefmin iouyroit des mefmes fermes & droits dont iouyffoit Maiftre
Simon Preuoft, & qui auoient efté accordees audit Launoy. Et
par autre dudit 11. Septembre dernier, attendu la difference du
bail dudit Preuoft audit traitté d'Abraham : auffi ordonné qu'i-
celuy Mefmin iouyra du prix defdites fermes pendant les
annees reftantes du bail dudit Preuoft, & apres icelles expirees
qu'il iouyra auffi pour les annees qui refteront à expirer de fon
traitté des mefmes droits dont ledit Preuoft iouyffoit fuiuant
fon bail fans aucune innouation. Sadite Majefté de l'aduis de
fondit Confeil, mande & ordonne à ladite Chambre faire iouyr
ledit Mefmin de l'effect defdits Arrefts defdits 5. Decembre
1629. 17. May. 12. Iuillet, & 11. Septembre derniers plainement
& paifiblement fans fouffrir ny permettre qu'il luy foit fait mis
ou donné aucun empefchement au contraire, ainfi que le con-
tiennent lefdites lettres. Veu auffi lefdits Arrefts du Confeil
deffus dattez & mentionnez cy-attachez foubs le contre-feel.
Copie des articles & conditions accordees par le Roy audit
Abraham pour le reftabliffement du commerce de la riuiere de
Loire & autres fleuues, & pour le rachapt & admortiffement
defdits Peages du 23. Aouft 1626. en fuitte defquelles eft le Reglement du Confeil de l'impofition nouuelle de ladite riuiere
de Loire dudit iour. L'Arreft de verification defdits articles en
ladite Chambre du dernier iour d'Auril 1630. Autre copie du
bail general de la ferme des Traittes & impofitions Foraines,
reapreciations de ladite impofition & du trefpas de Loire, des
Duchez d'Anjou, Beaumont & Thouars fait à Maiftre Iean Girard pour huict annees commencees le premier Iuillet 1627.
du cinquiefme Iuin audit an. Et celuy fait audit Preuoft le 27.
Nouembre enfuiuãt pour huict annees comncencees audit iour
premier Iuillet 1627. & qui finiront le dernier Iuin 1635. moyennant le pris & fomme de trois cens quatre-vingts dix-fept mil liures par chacun an, pendant le temps que les Peages qui font le
long de la riuiere de Loire depuis Nantes iufques à Orleans, ne
feroient rachetez, & apres l'entier rachapt, la fomme de quatre cens trente-deux mil liures. Autre Arreft dudit Confeil du
treiziefme Septembre audit an 1630. donné fur la requefte pre-
fentee par ledit Preuoft & fes affociez en ladite ferme des Trait-

tes nouuelles & impositions d'Anjou & autres: par lequel. Le
Roy en sondit Conseil en consequence dudit Arrest dudit 12.
Iuillet precedent, auroit ordonné qu'iceluy Preuost & associez
payeroient audit Mesmin le prix de ladite ferme, sans que pour
raison de ce, iceluy Mesmin puisse decerner aucunes executoires ou contraintes à l'encontre desdits Preuost & associez, ains
seulement en vertu de celles du Conseil, & que les quittances
dudit Mesmin seruiront à iceluy Preuost & associez à la redition
de leur compte en ladite Chambre, comme si elles estoient du
Tresorier de l'Espargne. Requeste presentee à icelle Chambre
par iceluy Mesmin afin de verification desdites lettres.
Arrest sur icelles du cinquiesme Octobre dernier, par
lequel auroit esté ordonné, ladite requeste, lettres & pieces
y attachees sous le contre-feel estre communiquees audit Preuost opposant à ladite verification par les mains du Conseiller
& Maistre Rapporteur, pour fournir ses causes & moyens d'opposition dans le temps de l'ordonnace. Causes d'opposition par
luy fournies & responses dudit Mesmin à icelles. Autre Arrest
d'iceluy Conseil du 12. de ce present mois donné sur autre requeste dudit Mesmin, par lequel sa Majesté auroit debouté
Claude Brunet y desnommé de l'enchere de cinquante mil liures y mentionnee, & ordonné à ladite Chambre de passer outre à l'enregistrement desdits Arrests, & du contenu en iceux le
faire iouyr plainement & paisiblement, nonobstant toutes oppositions qui pourroient interuenir dont sa Majesté s'est reserué
la cognoissance en son Conseil, suiuant & au desir du traitté dudit Abraham, Conclusions du Procureur general du Roy &
tout consideré. LA CHAMBRE sans s'arrester à ladite
opposition, a ordonné & ordonne lesdits Arrests des 5. Decembre 1629. 17. May, 12. Iuillet & 11. Septembre 1630. & lettres patentes estre registrees pour iouyr par l'impetant de l'effect & contenu en iceux, à la charge qu'il sera tenu faire les rachapts y mentionnez & d'en compter à ladite Chambre dans
quinze mois à commencer du premier Ianuier dernier à peine
de trois mil liures d'amende, ensemble du pris entier de ladite
ferme desdites Traittes d'Anjou apres chacune annee dudit
traitté expiree, ne pourra pretendre aucunes descharges rabais
ny desdommagemens qu'en vertu de Lettres patentes verifiees

en ladite Chambre, & qu'il fera tenu de rapporter au Greffe d'i-
celle dans vn mois l'acte des cautions par luy baillee pour la
fomme de cent mil liures : le tout à peine de mil liures d'amende. Faict le vingt-quatriefme jour de Mars mil fix cens trente-
vn. Signé, BOVRLON.

Collationné aux Originaux, par moy Confeiller,
Secretaire du Roy, & de fes Finances.

www.ingramcontent.com/pod-product-compliance
Lightning Source LLC
Chambersburg PA
CBHW060502200326

41520CB00017B/4885